LA FRANCE

POLITIQUE

ET

AVENIR

PAR

C. JOURDAN.

BLIDAH

IMPRIMERIE TYPOGRAPHIQUE DE P. ARNAVON, RUE BAB-EL-SEBT

1862.

PREMIÈRE LETTRE.

Tu me demandes, mon cher ami, comment il peut se faire que je sois devenu conservateur entêté, lorsqu'il y a quelques années j'étais de l'opposition la plus avancée. Tu ne sais à quoi attribuer ce changement. Je tiens trop à ton amitié pour hésiter à t'en faire connaître les motifs. Ce sera l'objet de plusieurs lettres. Je te prie d'attendre la dernière avant de prononcer.

Ma haine pour l'Angleterre ; haine jalouse, envieuse, j'ai honte de le dire, loin de cesser, de diminuer, a augmenté avec le temps et la réflexion. Les motifs de cette haine, tu les connais, il n'est besoin de les rappeler ! Cette haine vivace qui ne pourra être satisfaite que par la défaite de l'Angleterre, m'a fait chercher le plus sûr moyen de la vaincre...

Maintenant je dirai : je suis ministériel, parce que ce ministère est la personnification de la politique de notre roi. J'aime cette politique et je suis entièrement dévoué à Louis-Philippe, parce que, j'en ai l'intime conviction, c'est la route la plus sûre pour nous conduire à notre but. L'abaissement de l'Angleterre et la ruine de son empire: replacer la France à la tête des nations.

Il s'agit de te le démontrer bien que ce soit long et difficile.

En comparant l'Europe à une tribu, on y trouve cinq familles puissantes, riches, considérées, ayant en main tout le pouvoir. Une ligne de démarcation profonde, partage en deux camps ces cinq puissances principales. D'un côté la Russie, l'Autriche, la Prusse gouvernées despotiquement;

de l'autre, l'Angleterre et la France vivant sous le régime constitutionnel.

Outre cette division, des vues différentes guident chaque puissance dans ses résolutions.

Il importe de connaître le but vers lequel tend chacune d'elles.

La Russie a en vue l'empire universel. Guerres et traités tout ce qu'elle fait, de près comme de loin, est dirigé dans ce sens.

La vieille monarchie Autrichienne, veut le statu quo. Les éléments hétérogènes dont elle se compose, lui en font une loi.

Quant à la Prusse, état jeune, plein d'avenir, le but de son gouvernement est de constituer la grande nation allemande, d'en réunir sous un même sceptre, le sien, toutes les fractions.

Avant de parler de la France et de l'Angleterre, une digression est nécessaire. Il est indispensable de bien se rendre compte de l'antagonisme existant entre ces deux rivales.

Pour cela il faut les personnifier.

Etudions ces deux nations sous les rapports du caractère et de la manière de combattre.

Le Français, d'une noblesse antique, savant sans pédantisme, est fier de la richesse de ses domaines admirablement situés, de son esprit badin et léger, mais fin et ingénieux, inventif et universel. Il aime les fêtes et les plaisirs. Son cœur loyal et généreux, s'empresse de secourir toutes les infortunes qui, sous la bannière la plus haute du monde, trouvent un refuge assuré. Il idolâtre la gloire qui revient des combats, dans lesquels il brille par sa bravoure incontestable. Malheureusement toutes ces qualités, portées à l'excès, deviennent autant de défauts. Son esprit trop superficiel, le rend capricieux, frivole, amoureux de nouveautés. La promptitude de son esprit, le rend impatient ; en lui faisant méconnaître le prix du temps, elle lui ôte la persévérance, cette qualité si grande que sans elle, les autres sont annulées. Son courage, vrai courage de chevalier, bouillant, impétueux, tout de feu dans le premier mouvement, manque d'opiniâtreté. Sa valeur téméraire, par un faux point d'honneur, le jette souvent au milieu des périls dont il n'a pas calculé la portée. Il méprise les armes déloyales. Il n'emploie pas pour vaincre ses ennemis, lors même qu'il est seul contre tous, des moyens que réprouve l'honneur. Aussi, est-il arrivé que, succombant sous le nombre, il a subi les conditions de ses ennemis.

Si c'est bien là le portrait de la France personnifiée dans un de ses membres, passons à l'Anglais.

Celui-ci, pour le moins aussi brave, possède surtout les qualités contraires. Le courage du français est vif, emporté: le sien est calme et réfléchi. Autant le français est loyal et généreux, autant il est perfide et rusé. Chez lui la vivacité de l'esprit est remplacée par le calme de la réflexion: le manque de suite dans les idées, par un systême raisonné est suivi avec constance. Son esprit positif, ne s'avanture jamais, et ses hardiesses les plus grandes sont profondément calculées. Le français impatient, s'engoue facilement et se rebute de même; lui, au contraire, froid, systématique, persévérant, suit avec constance, un plan tracé d'avance, et ne fait fi de rien pour arriver au but qu'il s'est proposé. Aussi, avec des ressources moindres que celles du français, il a pu, grâce surtout à sa position insulaire qui le met hors d'atteinte, sortir avec avantage, de leurs longues luttes, et se fonder un empire colossal. Son orgueil exalté par le succès, excite sa jalousie contre la supériorité intellectuelle de son adversaire. Envieux de l'empire qu'exercent dans le monde les grandes idées propagées par le français, il voudrait lutter sur ce terrain. Peu satisfait d'être le pourvoyeur du genre humain, il voudrait encore en être le régénérateur et le flambeau. Mais l'amour du lucre et celui de l'humanité sont incompatibles. Il a donc beau couvrir d'un masque de philantropie ses vues sordides, il ne peut tromper personne : son âpre égoïsme ne saurait devenir de la générosité.

A présent, mon ami, jetons un coup d'œil sur la politique des deux peuples.

Que veut l'Angleterre, ou du moins l'aristocratie qui la gouverne ?

Elle veut conserver ses richesses, son pouvoir politique, sa prépondérance en Europe. Pour cela elle ne peut cesser un instant d'être la maîtresse de la mer ; pour cela elle ne peut souffrir notre rivalité. Il est donc facile de concevoir sa haine pour la France, les sacrifices qu'elle a faits lorsqu'elle a craint que nous l'emportassions sur elle; ceux qu'elle ferait encore pour nous empêcher de reprendre en Europe, le rang qui nous est dû.

Que veut la France? *Que doit vouloir la France?*

La France, trahie par la fortune, veut jouir dans le monde de sa juste part d'influence. Prépondérante en Europe depuis des siècles, elle brûle de reconquérir la place que lui assignent son génie, sa bravoure, sa langue, son admirable position géographique. Ses limites naturelles lui étant indispensables pour peser dans la balance de tout son poids, elle veut les recouvrer.

Avant de dire ce que doit vouloir la France, il faut bien se rendre compte du rôle qu'elle est appelée à jouer sur la terre, où deux principes sont en présence depuis que les sociétés se sont formées.

De ces deux principes, l'ancien ou la domination d'un ou de plusieurs sur les masses a, pour ainsi dire, régné sans partage jusqu'à nos jours sous les noms de despotisme ou d'aristocratie. Les anciennes républiques de Rome, d'Athènes étaient de véritables aristocraties; il y avait plus d'esclaves que de citoyens. Le nouveau principe, la démocratie, reconnait sans distinction à tous les hommes l'égalité civile et politique. Il consacre les droits que chacun tient de la nature. Etouffé par le premier, il se fit jour avec la religion chrétienne; lorsque celle-ci, après avoir fait faire un grand pas à l'humanité, s'arrêtât devant le progrès, parceque le clergé, institution humaine qui la représentait, arrivé au pouvoir, tenait à la conserver, la providence suscita un nouveau messie: la France. Oui, notre noble France est le messie du progrès et de la civilisation. C'est par elle que tous les peuples seront appellés à la régénération. C'est de chez elle que le principe démocratique partira pour couvrir le monde. C'est par elle que chaque homme pourra jouir enfin de tous ses droits.

Mission providentielle, qu'une guerre malheureuse compromettrait pour longtemps . . . . . La France doit donc se garder d'un nouveau 1814. . . Vaincue ! . . . elle serait partagée, ses idées comprimées, refoulées dans leur source. Quel terrible compte n'aurions-nous pas à régler avec la postérité; que de malédictions méritées, si une pareille catastrophe arrivait par notre imprudence.

Que doit donc vouloir la France?

Elle doit chercher et suivre avec persévéance la route la

plus sûre pour la conduire à son but : ses limites naturelles : *l'Affranchissement des peuples.*

A bientôt,

C. Jourdan.

mai 1845.

DEUXIÈME LETTRE.

Les principes démocratiques qui animent la France, qui font sa grandeur et sa force, après avoir jeté de profondes racines dans notre sol, dans nos mœurs; après avoir été semés, répandus au loin par nos armées, ont été comprimés en 1814. Quinze ans après, une explosion soudaine, terrible montra de nouveau leur puissance à l'Europe en jetant sur le sol de l'exil, la plus noble comme la plus vieille de ses dynasties.

Cette source de vie pour les peuples ne pouvait cesser de couler. Les gouvernements surpris furent frappés d'une stupeur profonde. La propagande armée qui les menaçait dans leur existence fut pour eux la tête de Méduse.

N'osant l'attaquer, ils laissèrent notre révolution se consolider. Le doute sur l'issue de la lutte était bien permis. Il fallait ajouter à la position géographique de la France, à son homogénéité, à l'esprit guerrier de sa population, qui la rendent déjà si redoutable, les forces inconnues de son esprit révolutionnaire doublées par les souvenirs de la République et de l'Empire.

Nous avons donc été les maîtres après 1830 de choisir entre deux routes trés distinctes : Celle que voulait nous faire prendre l'Opposition ayant à sa tête : Lamarque, Mauguin etc. Secondement : Celle que nous avons, ou du moins celle que Louis-Philippe nous a fait suivre.

Examinons la première.

En déchirant les traités de 1815, nous jetions le gant à l'Europe entière. La conséquence du triomphe de nos idées étant la subversion du principe de tous le gouvernements existants, un intérêt vital les eut réunis. Ils auraient employé leurs dernières ressources pour nous écraser. *Qui oserait affirmer que nous serions sortis vainqueurs de la lutte*, alors que les factions déchiraient notre sein, lorsque nos moyens d'attaque et de défense étaient presque nuls; lorsque notre gouvernement chancelait à chaque instant sur sa base ? Il ne faut pas se faire illusion : La France eut été semblable à une place assiègée. Elle aurait été dans la nécessité de combattre à la fois et sur mer; de faire face non seulement sur le Rhin et les Alpes, mais encore sur les Pyrénées. La lutte aurait été aussi grande que les principes en présence. Il est probable que le nombre eût fini par l'emporter. Nous n'aurions pas succombé sans gloire, mais nous aurions *peut-être* succombés.

Je sais bien qu'on peut citer un exemple contraire : 1793, où la république était en guerre avec toute l'Europe. Mais n'est-ce pas là un des signes auxquels on doit reconnaître la mission providentielle que Dieu nous a confiée. Les rois n'avaient pu mesurer le danger aussi grand qu'il était. Cependant malgré leur imprévoyance, on peut même dire leur impéritie, combien notre victoire nous a couté ! . . .

Certes si nous avions eu quelques alliés, si les familles Européennes avaient été mûres pour la liberté, si les semences de progrès jetées par nos armées avaient eu atteint le le développement voulu, nous aurions eu l'avantage. Mais nous n'avions pas d'alliés ! . . . Tu vas te récrier, me citer l'héroique Pologne, la malheureuse Italie, la Belgique, les sympathies que notre révolution avait trouvé en Allemagne, en Angleterre. Mon cher ami, il fallait traverser la Prusse pour arriver à la Pologne; c'était en présence des armées autrichiennes qu'il fallait organiser l'Italie. Avions-nous un Napoléon ? . . .

C'était un excellent épouvantail, mais comme force réelle c'était bien peu de chose. Jusqu'à ce que ces nouveaux états fussent en mesure d'entrer en lice, le fardeau de la guerre eut pesé sur nous seuls. Il est donc permis de dire que nous n'avions pas d'alliés.

Combattre toute l'Europe sans alliés !... Mais la Russie, la Prusse n'existaient pas, et l'orgueilleux Louis XIV a été contraint de courber la tête ! mais l'Italie, la Pologne, l'Allemagne, ont combattu avec Napoléon, et il est mort à Sainte-Hélène !...

J'en appelle à tous ceux qui comme toi, mon ami, sont de bonne foi. Est-il permis dans les calculs humains de ne mettre que des chances favorables de son côté. A Waterloo, de funeste mémoire, n'étions-nous pas vainqueurs à cinq heures du soir ? N'y aurait-il plus eu de traîtres ? Convenons donc que cette politique de l'opposition livrait beaucoup trop au hasard.

Pourtant tu sais mieux que personne avec quelle ardeur je voulais la guerre, en 1830 et surtout en 1840. Tu sais si j'ai souffert lorsque j'ai vu cette dernière fois nos préparatifs s'envoler en fumée. Aussi, cette haine que, dès mes premiers ans, j'ai vouée à l'Angleterre, s'augmentant de cette nouvelle déception, était presque devenue de la rage. C'est alors, que, méditant sur les moyens de lui porter les coups les plus sûrs, comme si j'avais pu influer sur la marche des évènements, un revirement complet s'est opéré dans ma manière de voir. Faisant abstraction de toute préoccupation personnelle, j'avais envisagé les choses de haut et de loin.

Les propositions suivantes vraies après 1830, le sont encore de nos jours.

Les principes démocratiques, base fondamentale de toutes les institutions françaises ont pour ennemis tous les souverains de l'Europe.

La France tient à recouvrer ses frontières naturelles et à propager ses idées.

La France ne peut à elle seule vaincre sûrement l'Europe continentale réunie à l'Angleterre.

Elle ne saurait avoir de grands succés dans une guerre continentale sans qu'aussitôt celle-ci ne vint se jeter à la traverse, ce qui nous ferait retomber dans le cas précédent.

On doit conclure de là, que les désirs de la France ne seront qu'un rêve tant qu'il sera au pouvoir de l'Angleterre de tourner l'Europe contre nous.

Examinons donc la marche à suivre.

Attendu qu'en politique comme en toute chose tout vient à point à qui sait attendre et sait se préparer de loin aux éventualités, la France doit *temporiser*.

Temporiser. Pendant ce temps nos principes acquièrent de nouvelles forces. Ils se propagent, ils s'infiltrent en Europe ; leurs progrès sont lents mais sûrs. Peut-il en être autrement ?... A la faveur de la paix, l'industrie se développe partout ; le commerce en étendant ses relations répand une aisance générale ; avec les richesses, les idées s'agrandissent, prennent un ordre plus élevé et les peuples aspirent davantage à la liberté.

Temporiser. Profiter de ce temps pour nous rendre invulnérables; pour assurer nos flancs en resserrant nos liens de parenté avec Naples et l'Espagne; pour nous faire une position telle que l'Europe y regardât à deux fois avant de nous attaquer.

Enfin, l'Angleterre étant notre ennemie capitale, temporiser; c'est-à-dire, employer tous les moyens possibles pour diviser nos ennemis, pour détacher l'Europe de l'Angleterre, la rendre au moins neutre lorsque se présentera l'occasion propice de nous prendre corps à corps avec l'aristocratie anglaise pour la tuer. Diviser nos ennemis est le plus important, le plus difficile de tout ce que nous ayons à faire. C'est le point essentiel, celui qu'il ne faut pas perdre de vue un seul instant.

Ce sont les efforts que l'Europe a dû faire pour nous faire rentrer dans nos limites, joins à l'effroi que nos principes démocratiques lui inspirent, qui rendent si facile à l'Angleterre la tâche de nouer des coalitions contre nous. Le plus fort de ses arguments est de nous représenter comme regrettant sans cesse les époques de Louis XIV et de Napoléon, alors que notre volonté faisait loi, comme aspirant sans relâche, vu notre isolement, à propager nos institutions.

Il faut donc pour détruire ces idées, pour effacer ces impressions, nous faire tout petits; faire naître la confiance la plus grande dans notre modération, renier en apparence nos principes, même les combattre ; ne parler que de notre désir de maintenir la paix pour abattre l'esprit guerrier de la France, pour détruire en elle l'hydre révolutionnaire. Nous revêtir enfin de la peau du renard.

Pour mieux tromper nos ennemis, nous faire l'ami à tout prix de l'Angleterre, nous mettre à sa remorque, lui céder en toute circonstance.

Cette lettre étant déjà bien longue je renvoie à la prochaine les autres considérations qui ont encore guidé Louis-Philippe.

C. Jourdan.

juin 1845.

TROISIÈME LETTRE

Mon cher ami,

Tu connais mon peu d'instruction, les difficultés inouies que j'éprouve pour mettre de l'ordre dans mes pensées et encore plus pour les rendre. Juge donc de mon embarras pour coordonner dans un sujet aussi vaste, les considérations qui ont guidé Louis-Philippe. Je suis obligé de choisir d'en laisser de côté, et cependant toutes sont plus fortes les unes que les autres. Mais que je puisse faire passer dans ton âme la conviction qui est dans la mienne, c'est tout ce que je demande.

Louis-Philippe, chef d'une dynastie, a eu à calculer les chances non seulement pour sa vie à lui, mais encore pour celle de ses enfants.

Louis-Philippe a étudié l'histoire. Il sait que si les commencements du règne d'un chef de dynastie, sont agités, pénibles, pleins d'angoisses de tout genre, ceux de son successeur le sont au moins autant. Le fondateur de la dynastie, l'homme du génie disparu, les partis relèvent la tête avec confiance, les prétendants au trône s'agitent, font tous leurs efforts pour renverser le rejeton de celui qui les écarta.

Louis-Philippe a étudié à fond les causes de la chute de notre Empereur. Il a médité longuement sur tout ce que ce grand homme a écrit. Il ne perd pas de vue ces paroles que Napoléon a prononcé à Sainte-Hélène.

« *Si j'avais été mon petit fils, je me serais relevé du* « *pied des Pyrénées.* »

« *Sous mon règne j'ai dû tendre jusques aux risques de* « *casser tous les ressorts de mon administration. Sous mon* « *successeur ils se fussent nécessairement relâchés* ». Ce dernier paragraphe est plus une leçon pour la France, que pour son roi.

Louis-Philippe, sachant qu'on ne jette pas dans un jour, les fondements d'un grand édifice, guidé par les motifs que j'ai fait connaître dans ma précédente lettre, voyant que l'intérêt de la France s'accordait avec celui de sa race, s'est posé comme règle invariable de *maintenir la paix, de la maintenir à tout prix.*

Pendant ce temps, s'est-il dit :

Ma famille jettera de telles racines dans le pays, de si grands intérêts se lieront aux siens qu'elle en deviendra inébranlable ;

L'esprit public achévera de se former ; le système constitutionnel s'affermira; toute l'activité physique et intellectuelle de la France tournée vers les sciences, les arts, l'industrie et l'instruction primaire, fera des miracles ; les masses s'enrichiront et s'éclaireront sur leurs véritables intérêts;

Ses voies de communication, base de toute prospérité, chemins vicinaux, routes royales, canaux, chemins de fer s'achèveront;

Ses forteresses réparées, augmentées, de nouvelles places construites, mettront ses frontières hors d'insulte;

Ses armées de terre seront instruites, disciplinées, mises sur un pied formidable ;grâce à l'expérience acquise dans nos dernières guerres, l'instruction militaire, l'administration, toutes les parties de ce vaste ensemble seront poussées aussi haut que possible;

Ses ports seront creusés, fortifiés;

Sa marine renaissante sera mise en état de lutter avec avantage contre celle de l'Angleterre;

La conquête de l'Algérie, à peine commencée, s'achèvera; un empire français y sera fondé;

La France, pendant ce temps, acquerra des alliés qui la rendront invincible.

Mais les pensées, les vues de notre roi ne s'arrêtent pas là. Voulant assurer autant qu'il est en lui le règne de son successeur, bien persuader les autres puissances de la réalité de ses intentions feintes, il s'est encore dit :

Pour rendre la guerre impossible sous mon règne, je ferai produire à l'impôt tout ce qu'il peut, et j'engagerai même les ressources de l'avenir; les produits étant employés aux grands travaux de défense nationale, d'utilité publique.

Je refuserai autant que possible, toute réforme, toute mesure capable d'exciter l'esprit démocratique et je maintiendrai les esprits ardents et novateurs par des lois de rigueur.

Réussira-t-il dans ses projets? Est-il nécessaire que je fasse connaître les raisons qui le rendent certain?

Que faut-il pour gagner l'esprit, le cœur des Français, cette nation si mobile, si amoureuse de changements?

Quelques mesures intelligentes, toutes tracées d'avance à celui qui prendra le timon des affaires, savoir :

La diminution des impôts, l'extension des droits électoraux la réforme des lois de septembre et la guerre à l'Angleterre.

Mesures simples, d'une exécution facile.

Conviens, mon ami, que ce raisonnement est juste, que la conception de ce vaste plan est digne d'admiration. Ce qui l'est plus encore, c'est sa mise à exécution. C'est là qu'il faut étudier notre roi, admirer les ressources de son esprit, la justesse de ses vues, par-dessus tout, la fermeté d'âme inébranlable qui le fait marcher droit au but qu'il s'est fixé. C'est dans l'exécution que brille tout son génie. Et la réussite de ce plan est assuré, Louis-Philippe ayant appelé à son aide, le plus sûr de tous les auxiliaires, *le temps*.

Ici, une objection de beaucoup de poids se présentera naturellement à ton esprit juste et généreux. Tu me diras « la reconnaissance par l'Angleterre du nouvel ordre de choses créé par notre révolution, a entrainé celle des autres puissances. A moins d'une noire ingratitude, Louis-Philippe ne peut avoir dessein de renverser l'empire de cette puissance constitutionnel, à laquelle il doit de régner ».

Tu aurais raison, mon cher, si l'intérêt seul n'avait dicté aux torys qui gouvernaient alors l'Angleterre la résolution qu'ils ont prise.

Pourrait-on attribuer cet acte à la sympathie, à la générosité, lorsque l'Angleterre y trouvait d'immenses avantages; tandis que tout autre parti, faisait naître pour elle, des périls imminents?

En supposant que l'Angleterre n'ait pas reconnu notre révolution, que serait-il arrivé? La France recouvrait ses limites, avant que les autres puissances fussent en état de s'y opposer; une guerre terrible bouleversait l'Europe. Cette guerre ne pouvait se terminer que de deux manières: La France en sortait victorieuse et c'était la ruine de l'Angleterre; ou la France était vaincue, et la Russie n'ayant plus de contre-poids, l'équilibre européen se trouvait tout à fait rompu. En présence de ces terribles éventualités, alors que l'aristocratie anglaise sentait trembler le sol sous ses pas, par suite du retentissement de notre révolution qui avait tiré le peuple anglais de son apathie, le parti de la prudence était bien plus sûr et lui offrait en outre des avantages certains.

L'Angleterre se vengeait de la restauration qui avait voulu s'allier à la Russie; la position qu'elle nous faisait, la rendait maîtresse des décisions de l'Europe. On ne peut contester ceci. En effrayant l'Europe de nos armes qu'il ne tenait qu'à elle de déchaîner, elle en obtenait ce qu'elle voulait. En se rejetant du côté de l'Europe, il était en son pouvoir de nous dicter nos résolutions, de nous imposer ses volontés.

L'Angleterre, dans son intérêt, pouvait-elle prendre un autre parti? Non. Ce serait donc jouer un role de niais, de dupe que de lui en être reconnaissant.

Heureusement Louis-Philippe n'est ni l'un ni l'autre. Il a

vu le danger, il a su l'éviter avec habileté. Il s'est dit hautement l'ami de l'Angleterre sans s'engager avec elle dans des mesures qui auraient pu froisser l'Europe.

Il joue finement son amie.

J'entends d'ici que tu prononces les mots ruse, duplicité, indignes d'un grand roi, indignes du nom français.

Comment! il ne faudrait suivre que le droit chemin contre cette aristocratie à qui tous les moyens sont bons pour arriver à ses fins ; qui sentant bien ne pouvoir nous vaincre à elle seule, met tout en œuvre pour nous isoler; qui toujours, lorsque l'épée de la France la menaçait au cœur, nous a jeté sur les bras une guerre continentale et, lorsque notre attention était détournée, nous frappait à coups de poignards. Mais si tant de leçons ne nous profitaient pas, si contre un tel adversaire nous ne songions qu'à nous servir de notre épée, ce ne serait plus du courage; ce ne serait plus de la témérité, ce serait de la folie.

Mais que dirait-on d'un général, auquel deux moyens se présentent pour enlever une position dont dépend le sort de la bataille, le destin de l'armée qu'il commande, le salut de sa patrie et qui, par amour-propre, par impatience d'arriver, par un sot orgueil et une folle confiance en ses forces, prendrait le chemin direct sur lequel des obstacles si sérieux, si formidables ont été accumulés avec tant de soin qu'il y a cent contre dix à parier qu'il échouera. Le traiterait-on de poltron, de lâche, de traître, parcequ'il prendra un chemin détourné. Par ce chemin il est vrai qu'il parait fuir et tourner le dos à l'ennemi, mais qu'importe si la victoire est au bout et fait alors crier *vivat* au vulgaire qui n'avait pas compris ce mouvement de haute stratégie.

Conçois-tu maintenant mon admiration pour celui qui a eu le génie de concevoir cette marche, la grandeur d'âme, la force de caractère indispensable pour la suivre avec constance. Oh! c'est que notre Roi, mon ami, est arrivé aux affaires avec un génie mûri par de longues adversités et qu'il a l'avenir de sa dynastie devant lui.

Ce n'est pas le moment de m'appesantir sur cette œuvre, de prouver sa réalité, de t'en révéler de nouvelles faces, les plus belles, ma lettre est déjà trop longue. C'est assez de l'avoir envisagée sous l'aspect que nous venons de voir; aspect qui me fait vivre, qui m'a consolé, relevé de notre humiliation de 1840, de ce moment d'odieuse mémoire où le rouge de la honte montait au visage au nom de français. Tu m'as rappelé les pleurs que jai versés lorsque, M. Thiers a quitté le ministère, lorsque j'attribuais la lâcheté dont nous faisions preuve aux préoccupations égoistes de celui qui régnait sur la France, (mon intérêt y entrait bien pour quelque chose, jeune, bon sous-officier, je n'avais rien à perdre et tout à gagner). Mais alors je n'aurais pas senti la profonde différence existant entre Louis - Philippe et Napoléon, M. Thiers s'il m'est permis de le mettre sur la même ligne.

M. Thiers que j'aime, auquel je fais des remerciments aussi vifs que sincères pour le courage qu'il a eu d'assumer sur lui la responsabilité des fortifications de Paris. M. Thiers a l'esprit national, il a de grandes vues, il nourrit des projets gigantesques, mais il manque d'une qualité essentielle à leur réussite. En cela, il ressemble à Napoléon, ce n'est qu'un parvenu. Comme un parvenu il veut tout embrasser, il est pressé de vivre, de se faire une réputation, il ne connaît pas le prix du temps on il craint que le temps ne lui manque.

De même que ceux de Napoléon, ses plans sont trop vastes pour être mis à exécution dans le court espace de temps qu'il est donné à un homme de vivre; et M. Thiers, enfin, comme Napoléon, n'a que la vie d'un homme à dépenser.

Pour Louis-Philippe, ce n'est pas çà. Assuré d'avoir un successeur qui achèvera ce qu'il aura commencé, il a divisé son plan en deux parties. Il s'est réservé le côté solide, celui de la vraie gloire ; il lèguera à son petit-fils le côté brillant.

A toi d'amitié,

C. Jourdan.

Décembre 1843.

QUATRIÈME LETTRE.

Je ne chercherai point à m'appesantir sur la politique apparente de Louis-Philippe, les journaux du pouvoir, les courtisans l'exaltent à l'envi et ma plume inexpérimentée essaierait vainement de lutter avec eux en célébrant la gloire de son règne, la paix maintenue à travers tant d'orages, etc. . .

Ce n'est point ma mission. Te dévoiler les vues cachées, les arrières pensées ambitieuses de la France, comme disent les journaux anglais, tel est le but de cette correspondance.

Je te l'ai déjà dit : Louis-Philippe a médité longuement

sur tout ce que l'empereur a écrit à Sainte-Hélène. Napoléon avait conçu pour la grande nation de sublimes projets que le temps et la fortune ne lui ont pas permis de mettre à exécution. Il nous les a révélés. On en concevrait difficilement de plus admirables pour la grandeur de notre patrie. Ils échouèrent par l'impatience de Napoléon de les mettre à exécution. La voie des armes nous fut fatale ! . . .

La réalisation des vues de ce grand homme, dans ce qu'elles ont de possible était le but le plus grand, le plus élevé que Louis-Philippe put se fixer dans l'intérêt de sa gloire, dans celui de sa dynastie. Mais la route pour y arriver ne pouvait être la même; il ne lui restait que les voies tortueuses de la politique.

C'est par la politique que Louis-Philippe réalisera ce qui est possible dans ces gigantesques projets.

Je m'avance beaucoup. Prouver ce que j'ai dit jusqu'à présent n'est pas peu difficile.

Malgré ma bonne volonté j'échouerais en voulant tout prouver. Pour donner à chaque fait sa valeur il faudrait des pages entières. Un volume in-folio ne me suffirait pas pour suivre la main de Louis-Philippe partout ou elle a paru. J'aurai donc recours à ton indulgence. Si je parviens à mettre quelques points hors de doute, je choisirai les plus difficiles, ceux qui ont le plus exité les fureurs des journaux: tu me permettras d'abréger en admettant les autres.

Ces points principaux sont :

1° Les refus de la Belgique, l'abandon de la Pologne, de l'Italie.

2° L'esprit rétrograde qui parait animer notre gouvernement.

3° Les longues hésitations relatives à l'Algérie.

4° Le mauvais vouloir du gouvernement pour nos forces maritimes. Traité avec le Maroc. Taïti.

Je vais examiner chacun d'eux, puis, dans une cinquième et dernière lettre, nous jetterons un coup d'œil sur l'avenir promis à la France par cette bonne politique.

Refus de la Belgique, abandon de la Pologne, de l'Italie.

Si tu as bien compris ce qui précède, ce premier point sera vite discuté et prouvé. Il est positif que nous aurions exposé à de grands risques l'avenir démocratique en agissant par la force ouverte. Or, accepter la Belgique, secourir la Pologne, favoriser les efforts de l'Italie, c'était la guerre!...

L'esprit rétrograde de notre gouvernement.

Le grand but de notre politique actuelle est, doit être de diviser nos ennemis. Comment séparer de l'Angleterre les gouvernements absolus, comment tromper ceux-ci sur le but que nous voulons atteindre, comment leur inspirer de la confiance, ce qui est si important, si notre gouvernement ne parait combattre, ne combat partout ou elle se présentent les manifestations trop vives de l'esprit démocratique. N'est-ce pas l'unique moyen qu'il possède pour y arriver ?

Les longues hésitations relatives à l'Algérie.

En passant à la discussion de ce point et du suivant, il ne faut pas perdre de vue un seul instant la nécessité que nous impose notre politique secrète.

Secouer la dépendance où nous tient l'Angleterre, renverser son aristocratie et l'empire qu'elle a fondé est le but capital.

Pouvons-nous nous y préparer ostensiblement ? Non, l'Angleterre se hâterait de nous prévenir.

Il faut donc, grave bien ceci dans ta mémoire, que les soins les plus méticuleux président à tous nos préparatifs. Il faut que les liens qui doivent étouffer l'Angleterre soient tissés sans qu'elle s'en aperçoive, sans qu'elle puisse nous attaquer pour ce motif avant que nous soyons prêts. Jusqu'à ce moment, nous devons toujours, toujours lui céder, *repousser en apparence toutes les mesures qui pourraient lui porter ombrage.* Grâce à ces preuves de modération, si, avant que nos préparatifs soient sourdement achevés, elle nous déclarait la guerre, elle serait seule contre nous. Selon toute probabilité, l'Europe resterait neutre dans la crainte de voir rallumer le volcan des passions populaires auquel nous aurions nécessairement recours pour lui résister ; tandis qu'elle espère l'éteindre complètement, grâce à la politique de notre gouvernement.

Vérifions les faits et nous serons assurés que l'esprit général de la politique de notre roi, tel que je l'ai fait connaître, est bien celui qui l'a guidé relativement à l'Algérie.

Si, en 1830, le Gouvernement français eût montré la volonté de garder cette conquête, l'Angleterre eût certainement posé comme condition de sa reconnaissance l'évacuation d'Alger par l'armée française. A cette époque, l'esprit public aurait abandonné sans peine cette conquête de la Restauration. Louis-Philippe y attachait un grand prix, non-seulement pour l'avenir qui s'attache à cette partie du monde, mais encore pour le besoin réel de donner un aliment à l'esprit guerrier de la population, pour faire naître des généraux, pour avoir une armée endurcie aux fatigues, accoutumée aux travaux de la guerre, etc., etc... A-t-il donné à connaître qu'il voulait garder cette colonie? Il s'en est bien donné garde! La jalouse Angleterre avait les yeux ouverts.

Il est nécessaire de rappeler les doléances, les récriminations des journaux du temps à l'égard du gouvernement qui, disaient-ils, voulait abandonner l'Algérie, la céder aux Anglais, etc... (n'était-ce pas suscité sous main?)... Ces criailleries des journaux excitaient l'esprit public et servaient à merveille la politique de Louis-Philippe en démontrant à l'Angleterre qu'il ne pouvait, en présence d'une pareille effervescence, rappeler l'armée d'Afrique sans un grand danger pour lui. Mais *aux yeux du monde*, ce n'était *qu'une occupation*. Toutes les mesures dirigées dans ce sens, confirmées par les bruits semés à propos, corroborées par le traité de la Tafna, par les attaques dont notre colonie était journellement l'objet de la part des députés les plus ministériels, prouvaient à l'Angleterre la bonne volonté de notre Roi.

Cependant, par la force des choses, avec le temps, notre conquête acquerrait de la solidité; on s'habituait à nous y voir. Aussi, malgré le mauvais vouloir de l'Angleterre et sa jalousie, excitée au plus haut point par l'influence que cette possession nous donnait sur la Méditerrannée, lorsque la somme des trésors, la quantité de sang versé furent suffisantes pour que la volonté de la nation, représentée par la majorité des chambres, *fut justifiée* aux yeux *de l'Europe*, lorsque la France ne pouvait plus l'abandonner sans honte, Louis-Philippe, comme forcé dans ses retranchements vis-à-vis de l'Angleterre, déclara à la face du monde que l'Algérie serait une terre à jamais française. Cette déclaration fût acceptée par l'Europe. Sans crainte alors de voir la guerre s'allumer pour ce motif, l'Angleterre eut été seule, la colonisation prit un rapide essort. L'armée du chiffre de 40 mille hommes fût portée à 90 mille. Des ordonnances royales réglèrent les intérêts naissants de l'Afrique française appelée à répandre la civilisation dans les Etats barbaresques.

Ce résultat eût-il été obtenu si le gouvernement eût suivi

une autre ligne de conduite, si dès le premier moment il avait montré l'intention de garder cette conquête? Non, l'Angleterre nous eût forcé de l'abandonner ou il aurait fallu courir les risques de la guerre.

C'est là un des exemples les plus frappants de l'habileté de la politique de Louis-Philippe. Nous en verrons bien d'autres lorsque nous examinerons ce qui est relatif à nos forces maritimes.

Mauvais vouloir du gouvernement pour nos forces maritimes.

Sans une marine florissante nous ne pouvons vaincre l'Angleterre. Il faut donc en ce qui concerne cette partie de nos forces que nous usions des plus grands détours pour nous préparer sans éveiller son attention.

Deux actes dictés par la politique que je t'ai fait connaître éveillèrent les soupçons de l'Angleterre sur nos vues ultérieures : le refus d'agir en commun contre la Russie; celui de la non intervention en Espagne. Sa méfiance s'accrut au dernier point par la déclaration relative à l'Algérie.

Notre brillante position dans la Méditerranée sur laquelle notre belle flotte de 20 vaisseaux, notre alliance avec l'Egypte nous donnaient une prépondérance marquée, nous valut la coalition de 1840.

Nous avions marché trop vite, trop à découvert.

L'Europe s'étant unie à l'Angleterre, nous dûmes abandonner Mehemet-Ali, disloquer notre flotte.

La loi des fortifications de Paris, 450 millions pour réparer, augmenter nos places fortes furent la réponse de la France à la coalition. En doublant les forces de notre patrie, elles parèrent à un nouveau danger du même genre. Ici, comme toujours, les mesures prises par Louis-Philippe avaient un double sens. Aux yeux du grand nombre, c'était contre Paris, contre une révolution intérieure qu'étaient dirigées ces fortifications. Aux yeux des hommes réfléchis c'était sa liberté d'action contre notre rivale éternelle.

Ce n'était point suffisant. Il fallait encore, tout en dispersant notre belle flotte, augmenter nos ressources sur mer, sans éveiller de nouveau les soupçons de la méfiante Angleterre. Quelques faits suffiront pour donner aux moins clairvoyants une idée de l'adresse mise en œuvre pour atteindre ce but.

1° La loi sur les paquebots transatlantiques.

Au moment du vote de cette loi, nous n'aurions pu augmenter notre flotte à vapeur de quelques milliers de chevaux, en dehors du budget, sans réveiller la presse anglaise. Le gouvernement proposa et fit adopter une loi pour continuer de grands steamers pour le commerce. Il n'y avait rien à dire. Lorsqu'ils furent achevés, une nouvelle disposition les déclara vaisseaux de l'État.

2°. La célèbre note du prince de Joinville.

Personne n'a jamais contesté ou mis en doute le respect, le dévouement, l'obéissance de chacun des membres de la famille d'Orléans pour leur chef auguste. Est-il permis de croire qu'un contre amiral, un fils de roi, aurait écrit, aurait pu *faire imprimer* et *surtout mettre en vente* une note en désaccord complet avec les vues du gouvernement sans l'assentiment de son pére. Ce n'est pas possible.

Les fonds du budget, au vu et su de l'Angleterre, étaient en grande partie détournés de nos approvisionnements, des constructions navales, pour être employés à l'érection de magasins, de cales couvertes, de grandes usines inutiles pour le moment. L'Angleterre devait être satisfaite, il ne pouvait entrer dans son esprit le moindre doute sur la bonne volonté de Louis-Philippe qui la servait selon ses vues. (Remarquons toutefois que cet argent était bien dépensé : dans le cas d'une grande guerre maritime, alors que tous les efforts doivent se porter sur les forces vives, ces établissements si utiles, indispensables si on veut pousser la guerre avec ardeur, ne peuvent se créer à l'improviste.)

Cependant cette conduite était pleine de dangers. C'était une vie périlleuse oû il fallait s'arrêter à temps. Le gouvernement ne pouvait par les raisons tant de fois répétées, prendre l'initiative lui-même. L'opposition sommeillait sur le chapitre de nos forces navales et Louis-Philippe avait besoin d'elle, de l'appui qu'elle recevait de l'opinion publique pour vaincre sans danger le mauvais vouloir de son amie. Aussi la note célèbre qui acquit à son auteur tant de popularité vit alors le jour.

L'opposition prit feu. Elle força la main au gouvernement en augmentant *malgré lui* le budget de la marine, la dotation du port d'Alger. C'était ce que désirait Louis-Philippe. Néanmoins, pour calmer l'irritation de l'Angleterre, il fit, dit-on de vifs reproches à son fils. (La comédie était jouée; l'attention de la France était tournée toute entière vers la marine).

3° *Traités de visite.*

Le traité de visite imposé par l'Angleterre, comme condition de la reconnaissance, pesait à Louis-Philippe plus qu'à tout autre. Il voulait sa révocation. Par quelles mésures l'a-t-il obtenue? Le premier, du moins le principal de ses ministres déclarait à la tribune que toute tentative pour y arriver conduirait à une faiblesse ou à une folie. Le gouvernement se refusait à négocier. C'était plus que suffisant pour que l'opposition prît le mors aux dents. Mais comme tout changement dans ces traités contrariait trop l'Angleterre pour passer aisément, les députés conservateurs les plus influents, ceux qui, si je parle comme l'opposition, prennent le mot d'ordre au château, firent cause commune avec l'opposition. Il y eut unanimité: ce ne fut qu'un cri en France.

En présence de ces faits l'Angleterre ne pouvait que céder. Le traité fut aboli, et, pour mettre le comble à la mystification, on se servit de son abolition pour augmenter nos constructions navales et nos armements d'une vingtaine de bâtiments, *en dehors des crédits ordinaires de la marine.*

4° En 1845, notre position continentale, assurée par les fortifications de Paris et de Lyon, nous permettait de porter une plus grande partie de nos ressources sur mer. Que fit Louis-Philippe pour cacher ses vues à l'Angleterre en se faisant de nouveau forcer la main par l'opposition qui, avec la mobilité du caractère national, sommeillait de nouveau? Il fit présenter une loi pour l'armement des fortifications de Paris. Aux yeux des souverains, aux yeux du grand nombre, armer Paris était une mesure de conservation personnelle. Le vrai motif de cette demande de fonds était de suggérer à l'opposition une pareille demande pour fortifier nos côtes, réparer nos ports, etc. En effet, si dans nos arsenaux, il y avait réellement insuffisance de bouches à feu, n'eût-il pas été facile, pour les compléter, d'augmenter le budget de l'artillerie d'un million ou deux par an. Ce fut passé inaperçu. Mais toutes les criailleries des journaux de l'opposition n'auraient pas eu lieu et le gouvernement n'eut pas été forcé pour faire taire cette opposition formidable de présenter deux projets de loi pour nos ports et de promettre en outre d'achever l'étude des travaux nécessaires pour mettre nos côtes à l'abri.

La chambre des députés, en présence du silence gardé sur

l'insuffisance de nos approvisionnements maritimes, inséra un article de loi obligeant le ministre à en déposer un inventaire à la prochaine session.

Est-ce assez? dois-je insister encore? faire voir que si ce n'était selon les vues secrètes de Louis-Philippe, l'opposition, la chambre essaierait vainement de lui imposer ces mesures? témoin la loi sur la conversion du 5 0[0 qui depuis dix ans reste à l'état de rapport. Est-il nécessaire d'ajouter que les détours imposés par notre politique ont déterminé le désaveu de Dupetit-Thouars, l'indemnité Pritchard, l'évacuation si prompte de Mogador avait-elle un autre but que d'apaiser la jalousie de l'Angleterre ? Ces diverses mesures ne donnaient-elles pas à l'Europe une preuve bien grande de notre modération? Mais je ne m'arrête pas encore. Je veux que ta conviction soit bien entière.

Traité avec le Maroc.

La France est assez riche pour payer sa gloire, a dit M. Guizot. Ces paroles ont provoqué des discours étourdissants de la part de l'opposition.

Ce désintéressement nous servait aux yeux de l'Europe en prouvant notre modération et il satisfaisait l'Angleterre : nos victoires étaient stériles ! en apparence, oui. Mais jetant nos regards dans l'avenir, nous nous rendrons compte des motifs qui ont déterminé cette politique, en nous demandant d'où peut venir le danger, mais le *danger sérieux* pour notre empire naissant de l'Algérie.

Notre colonie n'a rien à craindre d'une attaque maritime isolée, à Tunis nous sommes prépondérans, et notre influence y augmente de jour en jour; le danger dont nous parlons ne peut donc venir que du Maroc. Une armée Anglo-quelconque, débarquée dans cet empire où elle établirait sa base d'opérations, aidée par les tribus, secondée par une attaque maritime, lui ferait courir des risques sérieux. C'est donc de ce côté que nous devons nous prémunir.

En faisant payer les frais de la guerre au Maroc après l'avoir vaincu, nous en faisions un ennemi irréconciliable. Le souvenir de cet or arraché de ses mains eut toujours été un levain de haine dont l'Angleterre se fût habilement servi contre nous. Tandis que nous montrant généreux après lui avoir fait sentir la puissance de nos armes, il est clair, on peut affirmer que les suggestions de nos ennemis auront moins de prise sur lui qu'elles n'en auraient eu si nous eussions agi différemment. Cependant on ne peut disconvenir que le placement ne soit des plus incertains bien qu'il ait été sage et prudent d'agir comme nous l'avons fait.

Taïti.

Un conseil a été donné à la France par Napoléon en cas de guerre avec l'Angleterre.

Pour rétablir l'équilibre, a dit l'empereur, la France doit se créer des stations peu nombreuses mais sûres et avantageusement situées; entretenir sur chacun de ces points une division de 6 bonnes frégates. En rayonnant autour de ces stations, où elles viendraient ravitailler, se mettre en sûreté devant des forces par trop supérieures, ces divisions anéantiraient le commerce de l'Angleterre ou le mettraient dans la nécessité de diviser ses forces pour entretenir sur chacun de ses points de relâche des forces de beaucoup supérieures pour les bloquer.

L'équilibre serait donc rétabli dans les mers européennes où les questions doivent se décider.

Les îles Marquises, celles de la société sont une de ces stations.

Toujours inspiré par sa politique prudente, le gouvernement fit d'abord occuper les îles Marquises. L'Angleterre ne pouvait être mécontente, vu le peu de ressources que ces iles présentent, la France allait y gaspiller ses trésors. Le protectorat sur les îles de la Société vint consolider notre position. L'Angleterre s'en émut, La vivacité de Dupetit-Thouars qui était allé trop vite en besogne vint nous fournir les moyens de la satisfaire. Le rappel de cet amiral, le rétablissement du protectorat, l'indemnité Pritchard malgré les cris poussés par l'opposition calmérent son irritation. Notre protectorat fut reconnu.

Papéïti est fortifié de manière a résister à l'attaque d'une flotte européenne ,et, avec le temps, malgré les intrigues des Anglais, grâce à la générosité de notre caractère national notre influence s'étendra sur la population de ces îles.

Il en est de ces possessions qui nous donnent la prépondérance dans l'Océan pacifique comme de l'Algérie qui nous l'assure sur la Méditerranée.

Avec une autre ligne de conduite nous ne serions pas arrivés à ce résultat.

J'ai démontré, suffisamment je pense, l'intérêt que Louis-Philippe porte à la marine, intérêt qu'il sait voiler avec adresse, toutes les mesures qui y sont relatives étant précédées ou suivies d'actes de condescendance ou de protestations d'amitié,

Pendant ce temps, nous marchons !

C. JOURDAN.

29 décembre 1845.

CINQUIÈME LETTRE.

Tes instances me déterminent à achever ce que tu veux bien nommer mon travail, à reprendre notre correspondance interrompue par mes trois mois de voyage en France et en Afrique et par la grave maladie suite des fatigues que j'ai éprouvées.

Pour rendre ma tâche plus facile, pour m'encourager, tu m'avoues que tes anciennes croyances sont ébranlées et que je pourrais bien avoir raison. Mais, tout en citant, à l'appui de mon dire, les lois si favorables pour notre marine votées dans la session de 1845-1846, tu me poses une série de questions ardues qu'un homme doué de l'esprit de prophétie pourrait seul résoudre. Cependant j'oserai les aborder ! Des faits passés j'augurerai des faits à venir et je les résoudrai selon mon pauvre entendement.

En les plaçant dans un ordre convenable et en les résumant nous aurons :

1° un mot encore sur la Marine.

2° Quelle est la durée que j'assigne à notre système d'abaissement continu ?

3° Quels alliés sûrs la France acquiert-elle de jour en jour ?

4° Quels seront nos moyens de faire la guerre à l'Angleterre ?

5° Enfin, d'où m'est venu la connaissance de ce plan et quel est l'avenir que je crois réservé à la France.

Encore un mot sur la marine.

J'ai dit que toutes les mesures relatives à la marine étaient précédées et suivies d'actes, de paroles destinés à les faire prendre avec douceur par l'Angleterre, à lui en adoucir l'amertume.

Laissons parler les faits :

Projet de loi portant demande d'un crédit de 93 millions pour constructions navales et approvisionnements maritimes.

Il a été précédé par un discours du trône objet d'attaques furibondes de la part des journaux de l'opposition. Il est impossible, disaient-ils, de s'abaisses d'avantage, nos ministres courbent la tête sous la verge de l'Angleterre, le noble chef de la nation française n'est plus qu'un vassal anglais, etc. (Ils ne savaient pas si bien jouer leur rôle).

L'Anglais ne se trompait point sur le but de cette loi ; il se fàchait tout rouge. Qu'à-t-on fait pour le calmer?

Dans les bureaux de la chambre le gouvernement par l'organe de l'amiral de Mackau revenait sur l'étendue de la mesure ; il se contentait de 73 millions, de 40 vaisseaux. En outre, dans les questions pendantes entre les États-Unis et l'Angleterre, il secondait celle-ci en paroles.

La volonté de la chambre des députés s'était manifestée si hautement que l'Angleterre ne pouvait raisonnablement exiger d'avantage... Mais vint le jour de la discution et là, en présence de lord Palmerston, ce diplomate que son patriotisme rendait clairvoyant, l'opposition *força* le ministre à accepter les 93 millions demandés.

Ils furent acceptés à regret dirent les journaux !

Est-il possible de mieux mistifier les gens?

De la durée que j'assigne à notre système d'abaissement.

Ce que tu appelles système d'abaissement et ce que je nomme la premiére partie du plan de Louis-Philippe, doit durer jusqu'à ce que la France ait la libre disposition de toutes ses ressources.

Ce moment *sera proche* lorsque nos chemins de fer seront terminés et payés, lorsque les grands travaux commencés sur nos côtes et ceux qui sont projetés seront achevés ; *Il sera arrivé* lorqu'il y aura en Afrique une population agricole assez nombreuse pour que notre colonie ne courre aucun risque en cas de guerre européenne. Pour cela cette population doit pouvoir défendre le sol contre les attaques des indigènes nourir la population des villes et une armée de 25 à 30 mille hommes destinés à repousser les attaques étrangéres. Il nous faut encore dix ans d'efforts continus pour obtenir ce résultat.

Des alliés sûrs que la France acquiert de jour en jour.

Je nomme alliés sûrs ceux là seulement dont l'alliance est fondée sur l'intérêt politique, seule base solide de toute alliance. On ne doit compter pour rien les liens de famille et ceux de la reconnaissance; ils s'effacent toujours devant l'intérêt politique.

Les états européens dont l'alliance, se trouve garantie par l'intérêt, sont : la Prusse, l'Espagne, Naples, etc.

Prusse.

L'alliance si naturelle de la France et de la Prusse, tant préconisée par le grand Frédéric, n'est pas à cimenter quoique secrète.

L'intérêt évident de chacune d'elles a fait taire l'animosité politique reste des guerres de l'empire.

La Prusse, pour compléter l'œuvre de Frédéric, a besoin de s'élargir. Elle désire, elle veut s'incorporer tous les petits états de la confédération germanique. Loin de mettre obstacle à son extention, il est de notre intérêt de la favoriser. Nous n'avons rien à craindre de l'Allemagne réunie sous un seul monarque et c'est le plus sûr rempart à opposer à la Russie, c'est le meilleur boulevart de la civilisation contre la barbarie. Aussi c'est grâce à la France qu'à pu être établie cette ligne du Zollverein qui prépare si sûrement la fusion des esprits allemands et qui, infailliblement, par la fusion des in-intérêts les conduira à l'unité. Il fallait notre concours ouvert ou secret pour triompher de l'opposition de l'Autriche et des menées de la Russie.

En donnant une constitution à ses peuples, la Prusse est sûre, avec l'appui de la France, de mener à bonne fin son projet.

C'est donc une alliée sur laquelle il peut être permis de compter.

Espagne.

Il a été démontré par tous les esprits éminents que l'Espagne n'a rien à gagner dans une guerre avec la France et que son intérêt bien entendu doit la porter à tourner toutes ses forces sur mer et là, nécessairement, elle doit faire cause commune avec nous.

Je ferai valoir en faveur de la sûreté de cette alliance, à défaut d'autres moyens, les liens qui existent entre notre jeune dynastie et celle qui occupe le trône d'Espagne, la reconnaissance que nous devra le mari d'Isabelle qui ne peut s'asseoir sur ce trône sans notre assentiment: mais la perspective de la réunion du Portugal, cette colonie anglaise, la restitution de Gibraltar, son influence à recouvrer sur ses anciennes colonies du nouveau-monde sont des motifs d'une bien plus grande valeur.

Naples.

Avec l'alliance de l'Espagne nos derrieres sont assurés; avec l'alliance de Naples notre flanc droit l'est aussi, car l'Italie est à nous. Voici comment:

Les cœurs italiens soupirent aprés l'unité de leur belle patrie et le roi de Naples échangerait volontiers sa couronne despotique des deux-Siciles contre la royauté constitutionnelle de toute l'Italie.

La liberté, telle que nous la possédons, ne comblerait-elle pas les vœux des italiens; et, parce que ce serait un Bourbon qui se mettrait à leur tête, refuseraient-ils de l'accepter avec l'unité ? Hésiteraient-ils à suivre le roi de Naples qui les appellerait à la liberté en s'appuyant sur une armée française, sur la France, qui garantirait la constitution promise ?

Ne sentiraient-ils pas toute la différence d'un mouvement pareil à une révolution populaire renversant tous les pouvoirs établis ? Ne trouveraient-ils pas de suite des cadres formés, des finances organisées, une administration en état de fonctionner immédiatement ? Les répugnances existant contre les Lazarones ne se tairaient-elles pas, quand il serait question de la patrie italienne ? Je crois que si, et c'est ce qui me fait dire que l'Italie est a nous.

Tu dois sentir, mon cher ami, que, marchant à l'aveugle, ne pouvant baser ce que j'avance sur rien de positif, je suis fortement exposé à me fourvoyer et à me tromper grossièrement? Devrais-je affirmer, par exemple, que nous nous appuierons sur Naples pour délivrer l'Italie lersque rien ne s'oppose à ce que ce soit sur le portier des Alpes, ce qui serait peut-être plus avantageux. Du reste, pour les attirer l'un et l'autre dans notre alliance, pour les y retenir, rien ne nous empêche de faire luire aux yeux de chacun d'eux, cette belle perspective de la couronne d'Italie que nous pouvons faire tomber sur la tête de qui nous voudrons, puisque la malheureuse Italie ne peut, sans notre secours, secouer le joug autrichien et conquérir son unité.

J'optais pour le roi de Naples parce que c'est un Bourbon. Cette lettre menace d'être trop longue, sans quoi je te ferai voir la Hollande se ralliant à nous pour éviter une invasion et reprendre quelques unes de ses anciennes colonies, le Danemark, ayant l'incendie de Copenhague à venger, la Grèce nous devant l'affermissement de sa liberté, Tunis, l'Egypte, la Turquie nous devant leur existence, etc.

De nos moyens de faire la guerre à l'Angleterre.

Pour que la marche que nous suivons en politique soit réputée irréprochable, il faut que nos mesures, nos préparatifs soient tels, qu'en tout état de cause, même dans le cas le plus défavorable, nous puissions vaincre l'Angleterre ou du moins avoir le plus grand nombre de chances pour nous.

J'ai dit qu'il nous fallait encore dix ans pour achever de nous préparer. Je dois faire connaître les motifs qui me font croire que cette durée est suffisante et qu'elle est nécessaire.

C'est qu'à cette époque la dynastie d'Orléans, comptant une durée de 26 ans, sera consolidée sur le trône; à l'aide des mesures dont j'ai parlé elle n'aura rien à redouter des partis. Le jeune comte de Paris ayant atteint sa majorité nous n'aurons point à craindre les troubles d'une régence.

C'est que, dans dix ans, la puissance financière de la France sera plus forte qu'elle n'a jamais été, sera même la plus forte du monde. On peut l'assurer sans crainte d'être contredit par les évènements. Nos grands travaux de défense *sur terre* et *sur mer* ne seront-ils pas achevés et payés? Nos routes, nos canaux, nos chemins de fer, ces autres travaux qui doivent doubler les sources de notre prospérité, ne seront-ils pas achevés aussi et en pleine exploitation? Puisque nous n'avons plus à dépenser les 3 ou 4 cents millions que nous employons chaque année à ces travaux et que les sources de nos recettes seront augmentées, ne suis-je pas en droit de dire que, tout en diminuant les quelques impôts qui pèsent le plus sur les classes pauvres, nos finances seront les plus fortes du monde.

Puis, nous n'avons pas oublié qu'il nous fallait encore dix ans pour affermir notre puissance en Afrique. J'ajouterai que, pendant ce temps, pour hâter le moment où nous aurons la libre disposition de nos ressources, la somme de nos sacrifices doit aller chaque année en augmentant ; que l'on doit y faire en grand de la colonisation militaire; que la Kabylie doit être soumise; qu'il importe grandement que le chiffre de notre armée s'y élève successivement jusqu'à 120 et 150 mille hommes. Et cependant, comme nous approcherons du terme fixé, il est évident que le gouvernement pourra et devra maintenir l'armée de l'intérieur sur un pied respectable 500 mille hommes au moins, dans le but ostensible de prévenir les troubles qui pourraient amener un changement de règne, etc...

Nous avons réellement besoin d'attendre jusqu'à ce moment avant d'attaquer l'Angleterre, avant d'engager la lutte avec cette ennemie redoutable dont, jusqu'à présent, l'habileté n'a pas eu d'égale. *Quoiqu'on dise, jusqu'à ce que nous soyons prêts, nous devons céder en apparence*, devant ses exigences. Agir autrement, suivre l'exemple des États-Unis, ainsi que le conseillent quelques journaux, ce serait follement compromettre une partie que nous sommes sûrs de gagner avec un peu de patience; ce serait aller au devant de ce que désire l'Angleterre. *Mais il s'agit de la vie !* et je ne saches pas que dans un duel, on soit jamais tenu de se prêter à ce qui sert évidement notre adversaire.

Oui, l'Angleterre cède dans les questions qui s'élèvent entre elle et les États-Unis. Elle ne veut pas de la guerre avec eux. Comment s'en étonner ? N'est-ce pas une preuve de son habileté si vantée ! Quelles ressources lui resterait-il si, au milieu d'une guerre, alors que toutes ses forces seraient employées au loin, la France jetait à l'improviste dans la balance tout le poids de sa puissance.

On la suppose bien peu éclairée sur ses véritables intérêts en croyant qu'elle ira user ses forces dans une lutte pour des intérêts secondaires quand elle est en présence d'un orage, d'une nuit chargée du tonnerre qui doit la foudroyer.

Elle arme ses côtes; elle multiplie ses moyens de défense: est-ce contre les Etats-Unis qu'elle prend de si grandes précautions et reculerait-elle dans une guerre avec eux dans la crainte qu'ils ne vinssent la porter jusque chez elle?

Ce n'est point contre ce danger imaginaire qu'elle se prémunit, c'est contre un danger plus sérieux, le seul redoutable pour elle; c'est contre nous qu'elle prend ces précautions contre nous qui la menaçons au cœur.

L'Angleterre calcule aussi bien, même mieux que nous ; elle sait que lorsque nos chemins de fer seront achevés, l'épée si menaçante et si terrible de Damoclès, ne tenant plus qu'à un cheveu. sera suspendue sur sa tête. Elle sait que dix ou douze jours au plus nous suffiront pour transporter notre redoutable armée d'Afrique des ports de l'Algérie aux rivages de la Manche. Elle sait que les vents contraires, les marées ne sauraient empecher notre flotte à vapeur de porter une armée sur le point que nous aurons choisi.

En présence de ce péril assez grand pour que son existance soit mise en jeu, on conçoit que toutes les autres questions perdent pour elle beaucoup de leur importance et je suis fort étonné qu'elle ait autant de patience, qu'elle ne nous prévienne pas.

Qu'elle tarde encore dix ans et il ne sera plus temps !..... Son heure aura sonné !..... Quoiqu'elle fasse alors, nous serons en mesure. Elle parviendrait à rompre toutes nos alliances et à soulever l'Europe contre nous que les chances seraient encore de notre coté. Car, en supposant que l'intérêt n'ait point de prise sur la Prusse, sur l'Espagne, sur les rois de Naples et de Sardaigne; que le Danemarck reste paisible devant une vengeance assurée; que Tunis, l'Egypte, la Turquie et la Grèce même se joignent à l'Angleterre; nous pourrons encore lancer 150 mille hommes de l'autre côté du détroit.

Mais nos mesures sont prises avec trop d'habileté pour échouer ainsi. La rapace Angleterre ne trouvera probablement d'autre appui que la Russie et l'Autriche qui seront impuissantes à détourner la foudre, tandisque, voyant le succès si bien préparé, ce sera à qui des marines secondaires prendra part à la curée.

Un mot seulement pour démontrer qu'il nous sera possible, en conservant la défensive sur le Rhin, de disposer de 150 mille hommes pour une invasion en Angleterre.

Tu sais que la France peut mettre sur pied et entretenir 550 mille soldats et 300 mille hommes de garde nationale mobile dont la moitié ayant servi. En prélevant sur ces forces 50 mille hommes pour l'Algérie, 200 mille pour l'Angleterre, il reste encore pour faire face à l'Europe 300 mille soldats appuyés par 300 mille gardes nationaux mobiles, soutenus par la garde nationale sédentaire.

Tu m'accuses de contradiction. Tu aurais raison, puisque j'ai dit qu'en 1830 et 1840 la France ne pouvait lutter seule contre toute l'Europe, et que je prétend que cela sera possible en 1856, si les fortifications de Paris et de Lyon n'étaient venues changer complétement la face des choses.

Autrefois, l'étranger, après une ou deux batailles heureuses pouvait, par une marche rapide, se rendre maitre de Paris et désorganiser tous nos moyens de défense. *Ce temps n'est plus.*

Paris, Lyon, points objectifs d'une invasion sont inattaquables en raison de leur immense dévellopement. Ils peuvent même, au besoin, être abandonnés à eux memes, quelques dépôts dans leurs forts et leur nombreuse population ouvrière si patriotique suffisent à leur défense.

Nos armées, libres dans leur mouvements, pouvant à volonté prendre de nouvelles lignes d'opération, s'appuyer soit sur les immenses camps retranchés de Lille, Valenciennes, Metz, Strasbourg, Béfort, Besançon et Toulon, soit sur les points éminemment stratégiques de Langres, Châlons-sur-Marne, Soissons, etc.. nos armées, dis-je, en ne livrant rien au hasard, sont en état de défendre notre territoire pied à pied au moins pendant trois ans, temps suffisant pour abattre l'Angleterre.

Revenons à celle-ci, c'est-à-dire à la question maritime.

Nous avons a compléter nos stations maritimes qui doivent être au nombre de cinq. Nous n'en avons que trois.

Nous savons que pour mériter ce nom, nos possessions doivent réunir les conditions suivantes :

1° Être un point stratégique maritime, avoir un bon port et de bons mouillages.

2° Être d'une défense facile et présenter un asile assuré à une division navale.

3° Offrir assez de ressources pour qu'une division navale puisse s'y ravitailler et y séjourner sans crainte de tomber devant un blocus.

Je n'ai point fixé au hasard le nombre de nos stations. Ouvre une mappemonde et tu verras comme moi que le chiffre cinq est nécessaire et cependant suffisant pour que notre pavillon ait un point d'appui, une base d'opérations dans toutes les mers.

Dans l'Atlantique deux suffisent : l'une pour le golfe du Mexique et la mer des Antilles : la Martinique ou la Guadeloupe sont parfaitement placées pour dominer ces parages : l'autre sur le passage des navires qui vont dans l'Inde et qui en reviennent : notre colonie du Sénégal est à portée de cette route ; une station y serait d'autant mieux placée que de là elle pourrait agir sur tous les comptoirs de l'Afrique.

Dans le Grand Océan, il nous en faudrait trois : une dans la mer des Indes, la deuxième sur la route de l'Inde à la Chine, la troisième dans l'Océan Pacifique. Nous avons celle-ci, c'est Taïti. Remarque que des Iles de la Société, notre escadre est à portée des côtes de l'Amérique méridionale, Chili, Pérou, Mexique ; à portée des établissements anglais dans l'Océanie, et qu'elle peut même étendre ses opérations jusques sur les côtes de la Chine.

Tu as sans doute entendu parler de l'ile de Basilan que nous avons acheté à son souverain. Elle fait partie des Philippines et tu peux voir que cette position sur la route de l'Inde à la Chine a été habilement choisie. L'Anglais excite l'Espagnol à nous en disputer la possession. Grâce à quelque concession nous finirons bien par l'occuper.

Notre station de la mer des Indes nous coûtera davantage à établir. Jamais nous ne remplacerons l'Ile de France. Mayotte, n'étant qu'un ilôt, si notre projet de fonder un grand établissement à Madagascar ne peut réussir, nous serons dans la nécessité de créer un port militaire à Bourbon, ce qui est, sinon impossible, dumoins très-difficile.

A l'aide de ces stations l'équilibre doit être rétabli dans les mers européennes, ou le commerce anglais *ruiné*. C'est facile à comprendre. En effet, qu'il y ait dans chacune de ces cinq stations 2 ou 3,000 hommes en sus des besoins minimum de la défense et une dizaine de bons navires, frégates ou corvettes, à voile et à vapeur, et il faudra non-seulement des forces de beaucoup supérieures pour les bloquer, mais, en outre, comme un blocus peut-être rompu ou forcé par une foule d'accidents, il sera nécessaire que chaque colonie anglaise soit en état de se défendre contre ce chiffre de forces ou elle courrait le risque d'être saccagée.

En 1856, nos forces navales disponibles seront *au moins*, puisque c'est le chiffre avoué aujourd'hui, de 30 vaisseaux, 60 frégates, 100 vapeurs de guerre, 100 corvettes ou bricks, un nombre indéterminé de vaisseaux de transports, et nous aurons 14 vaisseaux en réserve sur le chantier.

Quant à moi, j'espère et je crois qu'à cette époque le nombre de nos vaisseaux s'élèvera à soixante, ce qui nous donnera une supériorité positive sur notre ennemi.

Je me hâte de dire que, les marins nous manquant pour armer à la fois nos 60 vaisseaux, 60 frégates, 100 vapeurs, etc., nous avons à notre disposition un moyen à l'aide duquel la moitié de nos vaisseaux n'ayant à bord que cent hommes d'équipage peuvent nous rendre les mêmes services que s'ils les avaient au complet.

Mais ne voulant point tracer un plan de campagne, je me bornerai à te faire remarquer que notre flotte à vapeur, concentrée dans les ports de la Manche, ayant à bord le matériel d'une armée de débarquement et le dixième de ses équipages forcerait les Anglais à conserver dans les eaux de la Manche *la moitié au moins* de leurs forces, surtout si nous tenons dans la rade de Brest, une vingtaine de vaisseaux n'ayant également que le dixième de leurs équipages.

A qui appartiendrait la supériorité dans la Méditerranée où nous aurions toutes nos forces ?

Tu as déjà compris que si les Anglais dégarnissaient la Manche pour la Méditerrannée, vite notre flotte rentrerait à Toulon, et, en nous pressant un peu, grâce aux chemins de fer, trois ou quatre jours après sa rentrée, celle de Brest prendrait la mer, les vaisseaux de Toulon n'ayant plus à leur tour qu'un officier et une centaine d'hommes à bord.

Est-il vrai que je puisse m'arrêter ? que la question soit jugée ? qu'il soit superflu de faire valoir nos alliances probables avec l'Espagne, Naples, la Grèce, la Turquie, l'Égypte et Tunis dans la Méditerranée, le Danemark et la Hollande sur l'Océan, pas plus que l'alliance incertaine des États-Unis ? Parce que, alors même qu'une descente en Angleterre serait impossible, que notre *or serait impuissant* à semer la révolte dans les possessions anglaises, à réveiller des sympathies dans les populations françaises du Canada et de l'île Maurice, à soulever l'Irlande contre ses oppresseurs, nos vaisseaux commandés par des officiers habiles et formés aux grandes manœuvres navales, ayant à leur tête le prince de Joinville, chaleureux, brave comme tous ceux de sa race, patriote comme un homme du peuple, aimant les Anglais comme les aiment nos marins, parce que nos vaisseaux, dis-je, en nombre supérieur ou égal, ne peuvent manquer d'écraser les Anglais et de leur ravir cette supériorité maritime base de leur puissance.

D'où m'est venu la connaissance de ce plan et quel est l'avenir que je crois réservé à la France.

Lorsque nous nous séparâmes en 1840, je maudissais du fond du cœur la royauté peureuse que lord Palmerston avait fait passer par le trou d'une aiguille : nous étions du même avis. Depuis, j'ai bien changé ! Voici comment ·

Le premier coup porté à mes anciennes croyances date de 1841.

L'inconstance des journaux politiques qui, aprés avoir vomi tant d'invectives contre Casimir Périer vivant, exaltaient à l'envi, la politique de celui que, mort ils nommaient un grand ministre, me fit rentrer en moi-même.

En présence de leur versatilité, me souvenant que l'histoire contredit presque toujours le jugement des contemporains, je cessai d'ajouter foi à leurs discours et je n'admis leurs imputations qu'avec des faits à l'appui.

Ne pouvaient-ils se tromper sur le compte de Louis-Philippe? Je m'essayai donc à juger avec les yeux de la postérité.

Trois années entières se passèrent dans les doute et le perplexités les plus grandes. Cependant, peu à peu, mes anciennes croyances en politique faisaient place à de nouvelles.

Deux visites, l'une à Versailles, l'autre à Fontainebleau achevèrent ma conversion. Je te dois quelques détails sur ces deux visites. En mai 1844, je visitai le musée de Versailles.,. Il me serait de toute impossibilité de te dépeindre les profondes émotions que j'éprouvai en parcourant ces immenses galeries de tableaux que tout cœur français ne peut voir sans orgueil. J'y vis représentées toutes les belles pages de notre histoire. Tous les genres de gloire, tout ce qui honore la France y avait trouvé place.

L'idée primitive d'un temple consacré à la gloire appartient à Napoléon, *mais son époque était tout pour lui*. Louis-Philippe en adoptant ce projet le féconda. Il sut en faire une œuvre vraiment nationale, un glorieux stimulant pour les grandes actions !...

Il n'est pas possible qu'un jeune Français, au cœur haut placé, visite Versailles sans être remué jusqu'au fond de l'âme, sans être embrasé du désir d'y tenir une place.

J'en sortis plein d'admiration.

Environ trois mois après mon régiment fut désigné pour

accompagner le roi à Fontainebleau. Dans la visite du château on nous fit remarquer les travaux exécutés par Louis-Philippe; on les estimait à plus de cinq millions. Rapprochant ces dépenses de celles de Versailles, de celles des autres châteaux royaux, je sus que penser de l'accusation d'avarice portée contre lui.

Il y eut parade le lendemain de notre arrivée. Le Roi était présent. Tu sais de quelle manière défilent nos grenadiers ; ils se surpassèrent ce jour là ! Aussi, le roi, qui, avant le défilé, paraissait soucieux, préoccupé et se tenait un peu voûté, se redressa-t-il avec orgueil lorsqu'ils s'approchèrent. J'étais à quatre pas de lui et je l'examinai *froidement* et *attentivement*. Eh bien ! je t'assure avoir vu resplendir sa figure. J'affirme qu'en cet instant il paraissait heureux et fier d'être notre souverain ; il semblait se dire : que ne ferait-on pas avec des hommes comme çà !... Je l'ai vu: mais ce qui s'appelle vu. Dès-lors ma conviction fut entière, je *crus* en Louis-Philippe.

Mais comment ne pas y croire, ne pas avoir en lui foi pleine et entière ?... Personne ne refuse à Louis-Philippe une grande instruction, un jugement sain ; cependant beaucoup raisonnent comme si c'était un idiot. Ils veulent, par exemple, qu'un homme comme lui n'ait point aperçu ces grandes vérités, évidentes pour tous ceux qui ont quelque peu étudié l'histoire: c'est que le genre humain, depuis sa création est sur la pente du progrès; qu'il marche sans cesse vers sa perfection ; que toutes les tentatives faites pour l'arrêter ont été et ne peuvent être que vaines et superflues.

Ainsi, selon eux, les vues de Louis-Philippe se borneraient à asseoir sa dynastie sur le trône, à se faire accepter par les autres souverains, puis à vivre au jour le jour, sans but, sans avenir ! A ceux là appartient le royaume des cieux !

Comment ! on accorde au roi des Français de grands talents, on le reconnaît comme le plus grand politique de nos jours et on voudrait qu'il bornât là son ambition ! Mais alors notre histoire démontrerait en vain que notre noble pays, toujours jeune, toujours vigoureux, reprend avec une nouvelle énergie sa course vers l'avenir chaque fois qu'une race vieillie de ses souverains est remplacée par une plus jeune, si notre roi n'avait compris tout l'avenir réservé à la France et à sa race.

Mais Louis-Philippe, qui a su contenir d'une main ferme

et la France et l'Europe; qui a maintenu la paix dans l'univers, n'aurait que la taille et la mesure d'un homme ordinaire s'il ne préparait son succusseur à se mettre franchement à la tête des nations, car ce serait en vain que Napoléon sur son rocher, aurait déclaré que l'avenir appartenait au premier souverain qui se mettrait de bonne foi à la tête des peuples. Mais notre roi est à la hauteur de sa mission. Il est digne de sa position.

Est-ce qu'un prince issu de la plus noble famille de la terre, ayant l'honneur d'être à la tête de la grande nation, de commander à 35 millions de Français, peut avoir des vues basses et égoistes !...

Louis-Philippe travaille pour la grandeur de la France, j'en suis persuadé. J'ai donc pour lui le même dévouement que pour mon pays.

Maintenant tu dois comprendre pourquoi en janvier 1845, je soutenais si opiniâtrement Guizot et sa politique quoique je fusse seul de mon opinion.

Je devrais m'arrêter, mon engagement est rempli. Mais il faut m'as-tu-dit, que je te communique entièrement le fonds de ma pensée relativement à l'avenir de la France, de cette heureuse France, de cette terre privilégiée qui présentera deux prodiges à la postérité dans le même siècle.

L'un, Napoléon, brillant météore qui éblouit le monde en laissant de son passage des traces impérissables: l'autre, Louis-Philippe, que Fénélon avait deviné en partie en peignant son roi idéal, qui nous conduira au port que le premier nous avait fait entrevoir.

Auraî-je l'audace d'écrire ce que je vois comme un rêve dans un lointain vaporeux ? Pourquoi pas: ce sont des rêveries.

Eh bien ! je vois, à la mort de notre grand roi (que Dieu le conserve le plus longtemps possible dans l'intérêt de la France et de l'humanité toute entière), le comte de Paris montant sans obstacle sur le trône et les Français, sortis de tutelle, mettre réellement en pratique le principe de la souveraineté nationale et en faire le plus noble usage ;

Peu de temps après la guerre à l'Angleterre ; comme résultats de cette guerre : l'Irlande rendue à son indépendance; les colonies, les comptoirs ravis par l'Angleterre dans les dernières guerres, rendus à leurs anciens possesseurs; l'aristocratie anglaise anéantie par une réforme territoriale ;

Je vois la Russie et l'Autriche, *contenues d'abord* par la Prusse, l'Italie et la France, ne pouvant arrêter cet orage qui doit les atteindre.

Je vois l'Italie réunie sous un seul sceptre constitutionnel ainsi que la péninsule hispanique, de même que la grande nation allemande.

Enfin, dans ce conflit qui embrasera le monde et en changera la face, je vois disparaître l'Autriche ; l'héroïque nation polonaise, l'avant-garde de la civilisation se reconstituer sur des bases solides ; la Russie refoulée et contenue dans les limites de Pierre-le-Grand par la grande confédération formée par notre sœur du Nord, la Hongrie, les provinces du Danube et les états scandinaves.

La France, reine des nations, paisible dans ses limites naturelles, s'occupant à étendre l'empire de la civilisation sur les bords du lac Français, présidant l'assemblée des députés des États européens confédérés et les guidant vers l'avenir promis à l'humanité.

Si tu ajoutais a tout ceci la résidence du Pape à Paris, capitale du monde civilisé, l'extinction de la mendicité sur le sol français, la France convertie en jardin, c'est-à-dire qu'aucun des points de son territoire ne soit inculte, ce serait les rêves que Napoléon dit avoir faits.

(Il y a un projet à l'étude pour l'extinction complète de la mendicité. On travaille en ce moment à reboiser nos montagnes et à couvrir nos dunes de forêts).

Mais il pourra bien arriver (c'est une crainte où se fait sentir l'égoïsme) que l'Angleterre, guidée par un grand ministre, renie son passé en sentant le péril, qu'elle cesse d'être égoïste et de nous contrecarrer dans nos vues, qu'elle accepte notre supériorité et s'allie franchement avec nous pour concourir à la régénération des peuples et au remaniement de l'Europe.

Je ne le crois point probable, mais l'humanité ne pourrait que gagner à ce bon accès. Elle arriverait plus vite et avec moins de souffrances à un résultat semblable ou équivalent à celui que nous nous proposons. Nous ne serions plus seuls à jouer le premier rôle ! Mais combien serait pure la gloire de Louis-Philippe !

Ces hypothèses sur l'avenir sont interminables et j'ai hâte d'arriver à la fin de ce travail très fatigant malgré ses charmes. Aussi je m'arrête. La fatigue l'a emporté, c'est pourquoi je ne te dis rien sur la corruption, cette grande affaire du moment pour les journaux de l'opposition ; cependant si tu y tenais, si tu pensais que je n'ai point de bonnes raisons à donner, ce serait, dans quelques jours l'objet d'un appendice ou d'un *post-scriptum*.

Je terminerai donc cette longue lettre par cette dernière observation : c'est que l'habileté de notre roi est telle qu'il sait tirer parti de tout. Grâce à lui, le dévouement à sa personne, l'opposition franche et loyale, l'inimitié des partis concourent également à la grandeur et à la prospérité du pays.

Tout à toi d'amitié,

C. Jourdan

sous-lieutenant au 35e de ligne.

Paris le 17 *septembre* 1846.

Blidah. — Imprimerie Arnavon.

www.ingramcontent.com/pod-product-compliance
Lightning Source LLC
LaVergne TN
LVHW020255230826
846091LV00006B/2425

9782011784315